Hartmut Cyriacks / Peter Nissen

Sprachführer Plattdüütsch

Ein Lehr- und Lernbuch

In Zusammenarbeit mit
dem Ohnsorg-Theater und
der NDR Hamburg-Welle 90,3

Quickborn-Verlag

2. Auflage 1998

ISBN 3-87651-204-2

Umschlaggestaltung: rellesch concept, Hamburg
Gesamtherstellung: Clausen & Bosse GmbH, Leck
Der Umwelt zuliebe
auf chlorfrei gebleichtem Papier gedruckt.
Printed in Germany

Inhalt

Plattdeutsch lernen ist nicht schwer

Auch, wenn es im Moment noch so scheinen mag, als würden Sie am Fuße eines unüberwindlichen Berges stehen. Nur Mut! Im plattdeutschen Sprachgebiet sind die Berge nicht hoch. Brechen Sie mit diesem Sprachführer zu einem kleinen Ausflug ins Abenteuer Plattdeutsch auf! Es wäre doch gelacht, wenn Sie mit ihm nicht den Zugang zur norddeutschen Regionalsprache fänden.

Fangen Sie an und lesen Sie, was Gabi und Klaus erleben! Führen Sie die Übungen aus und schmökern Sie in der kleinen Grammatik! Mit den so gewonnenen ersten Eindrücken können Sie, wo immer in Norddeutschland Sie Plattdeutsch hören, den Menschen etwas ablauschen.

Lassen Sie sich nicht verunsichern, wenn manches real gehörte Wort anders klingt, als Sie es sich mit Hilfe der Regeln zurecht gelegt haben. Aber Plattdeutsch hat eine Vielzahl von Mundarten. Und um Sie bei Ihrem Lernspaß nicht mit unterschiedlichen Varianten zu verwirren, haben wir deshalb als Grundlage unseres Sprachführers das »Medienplattdeutsch« gewählt, wie es etwa im Ohnsorg-Theater auf der Bühne oder in NDR-Hörspielen gesprochen wird und es zahlreiche Schriftsteller verwenden. Es handelt sich hierbei um eine sprachliche Ausgleichsform, der die Mundarten Holsteins, Nordniedersachsens, Bremens, Hamburgs und Teilen Mecklenburgs zugrunde liegen.

Wenn Sie die spezielle Mundart Ihres Wohnortes erlernen wollen, müssen Sie Ihre Kenntnisse im Gespräch mit Einheimischen erweitern. Tun Sie es! Denn nach der Beschäftigung mit diesem Sprachführer sind Sie sowieso noch lange kein perfekter *Plattsnacker*. Scheuen Sie sich trotzdem nicht, Plattsprecher auf Platt anzusprechen. *Doon deit lehren!* - Übung macht den Meister!

Ach ja, Dank sagen wollen wir auch noch: dem Ohnsorg-Theater in Hamburg und der NDR Hamburg Welle 90,3 für die gute Zusammenarbeit und Dr. Reinhard Goltz aus Kiel für seine Hilfe, ohne die dieses Buch sicherlich ein halbes Jahr früher fertig gewesen wäre.

Hartmut Cyriacks *Peter Nissen*

Zur Aussprache

Dieses Kapitel können Sie getrost überspringen, wenn Sie in Norddeutschland - etwa in Flensbur*ch*, Hambur*ch* oder Oldenbur*ch* - leben oder gelebt haben. Die meisten Merkmale werden Ihnen geläufig sein. Viele kennen Sie auch aus dem norddeutschen Hochdeutsch.

Die Vokale / die Selbstlaute

Die langen Vokale weichen teilweise etwas vom Hochdeutschen ab:

Langes *a* : geschrieben *a*, *aa*, *ah* wird außer in Mecklenburg und Westfalen sowie manchen Eigennamen sehr dumpf gesprochen. Der Laut ähnelt dem *o* im hochdeutschen ›Torf‹ und kommt dem skandinavischen *å* sehr nahe. Für ihn gibt es aber kein eigenes Schriftzeichen.

sprich lang *å*		sprich kurz *a*	
ik maak	ich mache	*ik mag*	ich mag
Saken	Sachen	*sacken*	sacken
de Wahl	die Wahl	*al*	schon

Im Hamburger Platt hat man mit diesem Vokal kein Problem, dort wird er als volles *o* gesprochen, z. B. *ik mook*, *Soken*, *de Wohl*.

Langes *e* : geschrieben *e*, *ee*, *eh* wird als leichter Zwielaut (leicht *i*-haltig) gesprochen, z. B. *Leed* - Lied, *week* - weich, *Deel* - Teil, *greep* - griff, *egen* - eigen.

Langes *ä* : geschrieben *ä*, *ää*, *äh*, aber oft auch *e*, *ee*, *eh*, wird mit etwas offenerer Mundstellung gesprochen und ist nie zwielautig, z. B. *de Wääk* / *de Week* - die Woche, *de Dääl* / *de Deel* - die Diele.

Verwechslungsgefahr besteht etwa bei:

ee		*ää*	
week	weich	*Week*	Woche
reden	ritten	*reden*	reden
Deel	Teil	*Deel*	Diele

Langes *o* : geschrieben *o*, *oo*, *oh*, wird leicht *u*-haltig gesprochen, z. B. *Dook* - Tuch, *Oog* - Auge, *lopen* - laufen.

Langes *ö* : geschrieben *ö*, *öö*, *öh*.

1. Leicht zwielautig zum *ü* hin. Dabei handelt es sich oft um Umlautformen des langen *o*, z. B. *Löper* - Läufer, Murmel; *Böker* - Bücher.

Im Hamburger Platt wird dieser Vokal *eu* gesprochen, z. B. *greun*, *seut*.

2. Einfacher Laut, etwas offener gesprochen, z. B. *Slötel* - Schlüssel, *Köök* - Küche.

Langes *i*, *u*, *ü* : werden wie im Hochdeutschen ausgesprochen, z. B. *bieten* - beißen, *Stuuv* - Stube, *Büdel* - Beutel.

Die kurzen Vokale werden wie im Hochdeutschen ausgesprochen: z. B. *Katt* - Katze, *Gäst* - Gäste,

Nett - Netz, *Titt* - Zitze, *Lock* - Loch, *Löcker* - Löcher, *mutt* - muß, *Grütt* - Grütze.

Die Konsonanten / die Mitlaute

Die Konsonanten werden so ausgesprochen wie im Hochdeutschen. So werden *b*, *d*, *g* im Auslaut auch wie dort *p*, *t*, *k* gesprochen. **Aber!**

g **:** *g* und *gg* werden außer in der Kombination *ng* im Silbenauslaut und vor *-t*, *-st* wie *-ch* gesprochen, z. B. *de Dag* - der Tag (wie hochdeutsch ›Dach‹), *wiggt* - wiegt (wie hochdeutsch ›Wicht‹). Es gibt aber durchaus auch *Chechenden, wo de chelen Cheorchinen so chräsig chut chedeihen*, etwa in der Landschaft Angeln und in Westfalen.

r **:** Folgt *r* auf einen Vokal, wird es nicht als *r* ausgesprochen, sondern wie ein *a*-ähnlicher Vokal, z. B. *warm* gesprochen wie *waam*, *Beer* gesprochen wie *Beea*.

Ein *r-* am Silbenanfang kann gerollt werden.

s **:** Die Kombinationen *st*, *sp* werden als *s-* und *-t-* bzw. *s-* und *-p-* gesprochen. Der Plattsprecher *s-t*olpert über den *s-p*itzen *S-t*ein. Ebenso verhält es sich in den Kombinationen *sl*, *sn* und *sw*.

Plattdeutsch ist nicht Englisch!

Auch wenn Plattdeutsch in der Schreibung mancher Wörter stark ans Englische erinnert, so ist die Aussprache doch nicht gleich, z. B. *he* wird mit einem langen *e* gesprochen, ebenso *week* - weich, *Week* - Woche, *all* mit sauberem langen *a* und *School* mit *sch* und langem *o*.

Die Lautverschiebung

Ein wesentlicher Unterschied zwischen dem Hochdeutschen und dem Plattdeutschen besteht darin, daß das Plattdeutsche von der »zweiten« oder »hochdeutschen« Lautverschiebung, die ungefähr im 6. Jahrhundert n. Chr. einsetzte, nicht erfaßt wurde.
Lautverschiebung nennt man den »gesetzmäßigen« Wandel bestimmter Konsonanten in bestimmten Positionen (Anlaut, Inlaut, Auslaut).
Durch die Lautverschiebung änderte sich im Ober- und Mitteldeutschen die Aussprache der Laute *p*, *t*, *k* (stimmlose Verschlußlaute). Sie wurden zu *f*/*pf*, *s*/*z*, *ch* (Reibelaute), im Plattdeutschen blieben die alten Laute erhalten.

p		***t***	
Piep	**Pf**ei**f**e	*twee*	**z**wei
*A**pp**el*	A**pf**el	*we**t**en*	wi**ss**en
*Dör**p***	Dor**f**	*Hol**t***	Hol**z**

k		
***K**ind*	bleibt im Anlaut *k*:	**K**ind
*ma**k**en*	In- und Auslaut *ch*:	ma**ch**en
*Da**ck***		Da**ch**

Zur Schreibweise

1. Das Dehnungs *h* wird nur benutzt, wenn hochdeutsche Entsprechungen es enthalten. **Achtung!** Wörter, die ähnlich klingen, können deshalb unterschiedlich geschrieben werden, z. B. *drei**h**t* - dre**h**t, *gei**h**t* - ge**h**t, *sleit* - schlägt, *deit* - tut.
Wörter, zu denen es keine hochdeutsche Entsprechung gibt oder bei denen die Verwandtschaft nicht mehr offensichtlich ist, werden ohne *h* geschrieben, z. B.: *klönen* - plaudern, *vertageln* - verprügeln, *Baas* - Held.

2. Bei langen Vokalen hängt die Schreibung von ihrer Stellung im Wort ab. Regel:
In offener Silbe (am Silbenende) werden lange Vokale einfach geschrieben. In geschlossener Silbe (Silbenmitte oder -anfang) werden sie verdoppelt.

offen	geschlossen	
*de S**a** / ken*	*de S**aa**k /*	die Sache
*de **O** / gen*	*dat **Oo**g /*	das Auge
*br**u** / ken*	*ick br**uu**k /*	ich brauche

Ausnahme: Das auslautende lange *-e* wird verdoppelt, z. B. *Snee* - Schnee, *twee* - zwei, **aber:** *he* - er.

3. Die Kürze des Vokals wird wie im Hochdeutschen durch Verdoppelung des nachfolgenden Konsonanten markiert, falls nicht eine Mitlautkombination folgt, z. B. *Katt* - Katze, *Nett* - Netz. **Aber** trotz Kürze *Gras*, *Glas*.
Bei kurzen, wenig betonten Wörtern und Vorsilben tritt die Verdoppelung nach einem kurzen Vokal nicht ein, z. B. *af* - ab; *al* - schon; *as* - als, wie; *den* - dem, den; *düt* - dies; *op* - auf.

4. *-d* / *-t* und *-g* / *-ch* im Auslaut richten sich in der Schreibung nach dem Hochdeutschen, z. B. *goo**t*** - gu**t**, *Tie**t*** - Zei**t**, *Sie**d*** - Sei**d**e, *Klee**d*** - Klei**d**, *Da**g*** - Ta**g**, *we**g*** - we**g**, *do**ch*** - do**ch**.
Achtung! In gebeugter Form wird bei weicher Aussprache das *-t* durch *-d-* ersetzt, z. B. *de go**d**e Mann*, *slechte Tie**d**en*.

5. Anlautendes *v* oder *f* entsprechend dem Hochdeutschen, z. B. ***v**ör* - **v**or, ***f**ör* - **f**ür, Ausnahme: ***V**oss* - **F**uchs.

6. Das Auslassungszeichen (Apostroph) tritt häufiger auf:
a. bei verkürzten Artikeln: *an'n Diek*, *in't Huus*, *'n beten*,
b. bei Zusammenziehungen: *dat kann 'k nich*.
Aber auch wenn etwa verschliffen *oppe* oder *inne* gesprochen wird, schreibt man trotzdem *op de* und *in de*.

Die Lektionen

Lex een - Lektion eins

Friedlich und still ist es bei Gabi und Klaus an diesem warmen Sommermorgen. Nur draußen tirilieren die Vögel, als Klaus plötzlich hochschrickt.

Klaus: Wat is de Klock?	Wie spät ist es?
Gabi: Dat is Klock söven.	Es ist sieben Uhr.
Klaus: So laat? Schiet! Wi hebbt verslapen!	So spät? Mist! Wir haben verschlafen.
Gabi: Hett de Wecker denn nich pingelt?	Hat der Wecker denn nicht geklingelt?
Klaus: Warrt he woll. Man ik heff nix höört.	Wird er wohl. Aber ich habe nichts gehört.

Gabi:	
Mag ween, he is in'n Moors.	Mag sein, daß er kaputt ist.
Klaus:	
Wies maal her!	Zeig mal her!
Gabi:	
Nu tüdel nich noch lang rüm! Gau ruut ut de Puuch!	Jetzt trödel nicht noch lange! Schnell raus aus dem Bett!
Klaus:	
Ja, ja! Drussel du man noch 'n beten wieder, anners steihst du mi bloots ünner de Fööt rüm. - Woneem is mien griese Büx?	Schlummer du nur noch ein bißchen weiter, sonst stehst du mir bloß unter den Füßen herum. - Wo ist meine graue Hose?
Gabi:	
Segg maal, kannst nich de brune vun güstern noch maal antrecken?	Sag mal, kannst du nicht die braune von gestern noch einmal anziehen?
Klaus:	
Nee, ik mutt mi doch vundaag 'n beten ruutkleien.	Nein, ich muß mich heute doch etwas herausputzen.

Gabi:	
Wat hest du denn vör?	Was hast du denn vor?
Klaus:	
Ik schall mi doch vunmiddag mit den Baas vun Meyer & Meyer to'n Eten drapen. - Woneem is denn nu de Büx?	Ich treffe mich doch heute mittag mit dem Chef von Meyer & Meyer zum Essen. - Wo ist denn nun die Hose?
Gabi:	
Hangt in't Schapp, neem se henhöört. - Na, schall mi maal verlangen, wat dorbi ruutsuurt.	Hängt im Schrank, wo sie hingehört. - Na, ich bin gespannt, was dabei herauskommt.
Klaus:	
Ja, vundaag geiht 't üm de Wust.	Ja, heute geht es um die Wurst.
Gabi:	
Ik drück di düchtig de Duums.	Ich drücke dir kräftig die Daumen.
Klaus:	
Wenn ik Sott heff, krieg ik dat Baantje. Un denn föhrst du	Wenn ich Glück habe, bekomme ich den Job. Und dann fährst du

morgen mit den Viez vun Meyer & Meyer sien Baas in Urlaub.

morgen mit dem Stellvertreter des Chefs von Meyer & Meyer in Urlaub.

Gabi:

Denn tüdel di man ook dien smucken roden Slips üm, dat ook allens sien Schick hett. - Ik stell al maal 'n Buddel Sekt in't Köhlschapp.

Dann binde dir auch deine hübsche rote Krawatte um, damit alles seine Art hat. - Ich stelle schon einmal eine Flasche Sekt in den Kühlschrank.

Klaus:

Ja, wenn dat slumpt, laat wie vunavend de Proppens knallen.

Ja, wenn es klappt, lassen wir heute abend die Korken knallen.

Frühstück fällt für Klaus an diesem Morgen aus. Aber dafür wird er mit Gabi in den kommenden zwei Urlaubswochen ausreichend Zeit haben.

Vokabeln zu Lex 1

wat - was
Klock, de - Uhr
dat - das
söven - sieben
laat - spät
Schiet, de/dat - Mist, Dreck, Scheiße
wi - wir
verslapen - verschlafen
pingeln - klingeln
warrt/warrn - wird/ werden
woll - wohl
man - aber, nur
mag/mögen - mag/ mögen
ween - sein
he - er
Moors, de - Hinterteil
in'n Moors - kaputt
wiesen - zeigen
tüdeln - hier: trödeln
lang - lange
gau - schnell
ruut - raus
ut - aus
Puuch, de - Bett
drusseln - schlummern
'n - ein, eine
beten - bißchen
wieder - weiter
anners - sonst, anders
stahn - stehen
mi - mir
bloots - bloß
ünner - unter
Fööt/Foot, de/de - Füße/Fuß
woneem - wo
mien - mein
gries - grau
Büx, de - Hose
segg/seggen - sag/sagen
maal - einmal
brune/bruun - braune/ braun
vun - von
güstern - gestern
antrecken - anziehen
ik - ich
möten - müssen
mi - mich; mir
ruutkleien - herausputzen
vörhebben - vorhaben
schüllen - sollen
Baas, de - Chef
eten - essen
drapen - treffen
se - sie
in't - im
Schapp, dat - Schrank
neem - wo, Kurzform von: woneem
hen - hin

hören - gehören; hören
schall mi maal verlangen - ich bin gespannt
dor - da
bi - bei
ruutsuren - heraussauern; herauskommen
gahn - gehen
Wust, de - Wurst
düchtig - tüchtig, kräftig
Duum - Daumen
hebben - haben
Sott, de/dat - Ruß; Glück
Baantje, de/dat - Stellung, Job, Amt
föhren - fahren
sien - sein
Viez, de - Vize, Stellvertreter
tüdeln - hier: umbinden
ook - auch
dien - dein
smuck - hübsch
Slips, de - Krawatte
allens - alles
Schick, de - Ordnung, Art und Weise
op - auf
al - schon
Buddel, de - Flasche
Köhlschapp, dat - Kühlschrank
slumpen - klappen
laten - lassen
Proppen, de - Korken, Pfropfen

Die Tageszeiten:

Neben den Angaben, die auch im Hochdeutschen üblich sind, gibt es im Plattdeutschen eine zusätzliche Möglichkeit, die jeweilige Tageszeit anzugeben.

vundaag neben *hüüt* ›heute‹
vunmorgen neben *hüüt morgen* ›heute morgen‹
vunmiddag neben *hüüt middag* ›heute mittag‹
vunnamiddag neben *hüüt namiddag* ›heute nachmittag‹
vunavend neben *hüüt avend* ›heute abend‹
vunnacht neben *hüüt nacht* ›heute nacht‹

Übungen zu Lex 1

a) Setze die fehlenden Verben ein!

1. So laat ..... dat al?
2. Wi .... verslapen.
3. ...... de Wecker denn nich .... ?
4. Man ik .... nix ....
5. ...... maal her!
6. Nu .... nich lang rüm!
7. ...... du nich de brune vun güstern noch maal .... ?
8. Nee, ik .... mi doch vundaag 'n beten ....
9. Wat .... du denn vör?
10. Ja, vundaag .... 't üm de Wust.
11. Ik .... di duchtig de Duums.
12. Wenn ik Sott ......, ... ik dat Baantje.

b) Übersetze die folgenden Sätze!

1. Der Wecker hat geklingelt.

2. Ist er kaputt?

3. Wo ist die Uhr?

4. Sie ist bei der roten Hose im Schrank.

5. Heute schlummer ich noch ein bißchen.

6. Was hast du heute mittag vor?

7. Ich habe noch eine Wurst im Kühlschrank.

8. Heute abend muß ich mich herausputzen.

c) Setze einen Kringel auf alle langen a's, die wie å gesprochen werden, und unterstreiche alle g's, die wie ch gesprochen werden!

(siehe dazu auch ›Aussprache‹, Seite 9/11)

1. So laat is dat al?
2. Magst du 'n Glas Sekt drinken?
3. Dat hett al lang pingelt.
4. Vundaag heff ik verslapen.
5. Ik krieg dat Schapp nich op.
6. Laat allens stahn, wi wüllt gahn.
7. Gabi is anners nich vun güstern.
8. Wenn du dat Baantje kriggst, denn warrt allens anners.
9. Klaus schall sik düchtig ruutkleien.
10. Segg maal, wat du allens kannst!
11. He kriggt gau sien griese Büx an!
12. Warrt dat wat? - Dat warrt wat!

Lösungen zu a)

1. is, 2. hebbt, 3. Hett - pingelt, 4. heff - höört, 5. Wies, 6. tüdel, 7. Kannst - antrecken, 8. mutt - ruutkleien, 9. hest, 10. geiht, 11. drück, 12. heff - krieg

Lösungen zu b)

1. De Wecker hett pingelt.
2. Is he in'n Moors?
3. Woneem is de Klock?
4. Se is bi de rode Büx in't Schapp.
5. Vundaag drussel ik noch 'n beten.
6. Wat hest du vunmiddag / hüüt middag vör?
7. Ik heff noch 'n Wust in't Köhlschapp.
8. Vunavend / hüüt avend mutt ik mi 'n beten ruutkleien.

Lösungen zu c)

1. So lååt is dat al?
2. Magst du 'n Glas Sekt drinken?
3. Dat hett al lang pingelt.
4. Vundååg heff ik verslåpen.
5. Ik krieg dat Schapp nich op.
6. Lååt allens ståhn, wi wüllt gåhn.
7. Gabi is anners nich vun güstern.
8. Wenn du dat Bååntje kriggst, denn warrt allens anners.
9. Klaus schall sik düchtig ruutkleien.
10. Segg måål, wat du allens kannst!
11. He kriggt gau sien griese Büx an!
12. Warrt dat wat? - Dat warrt wat!

Lex twee - Lektion zwei

Es hat geklappt. Das Gespräch mit dem Chef von Meyer & Meyer war erfolgreich, und so wird Klaus in sechs Wochen in der neuen Firma anfangen. Wenn das kein Grund zum Feiern ist! Schließlich bringt die neue Anstellung nicht nur größere Verantwortung, sondern auch ein höheres Gehalt mit sich. So hätten Klaus und Gabi sicherlich noch eine zweite Flasche Sekt geköpft, wenn sie nicht morgen in Urlaub fahren würden. Denn es gibt noch einiges zu tun. Und man braucht nun einmal einen klaren Kopf beim Sockenzählen.

Gabi:

Ja, denn so 'n verdüvelten Kuffer packt sik nich vun alleen.	Ja, denn so ein verdammter Koffer packt sich nicht von allein.

Klaus:

Du weetst dat doch nipp un nau. Ik kann dat op 'n Dood nich af, wenn ik mien Bickbeernmoos sülvst tosamensöken mutt.	Du weißt doch ganz genau, daß ich es auf den Tod nicht mag, wenn ich meine Siebensachen selbst zusammensuchen muß.

Gabi:	
Och, du arme Stackel!	Ach, du armer Kerl!
Klaus:	
Lach du man ook noch dösig!	Lach du nur auch noch blöd!
Gabi:	
Ik weet, dor hebbt di al dien Öllern mit piesackt. Aver dütmaal faatst du mit an, anners queest du wedder rüm, dat du nich allens mit hest.	Ich weiß, damit haben dich schon deine Eltern gequält. Aber dieses Mal faßt du mit an, sonst nörgelst du wieder, daß du nicht alles dabei hast.
Klaus:	
Wat mutt denn allens mit?	Was muß denn alles mit?
Gabi:	
Stell di nich so tüffelig an! Fang mit Lievwäsch un Socken an!	Stell dich nicht so stoffelig an! Fang mit Unterwäsche und Socken an!
Klaus:	
Goot! Wi blievt veerteihn Daag. Also een - twee - dree - veer -	Gut! Wir bleiben vierzehn Tage. Also, eins - zwei - drei - vier -

fief - söss - söven - acht - negen - teihn - ölven - twölf - dörteihn - veerteihn. Dat langt.

fünf - sechs - sieben - acht - neun - zehn - elf - zwölf - dreizehn - vierzehn. Das reicht.

Gabi:
Wenn du dien ganze Kledaasch enkelt aftellen deist, denn wullt du förwiss glieks al wedder fofteihn maken un di verpuusten.

Wenn du deine ganze Kleidung einzeln abzählst, dann willst du bestimmt gleich schon wieder Pause machen und dich ausruhen.

Klaus:
Dat is ook wohr! 'n gode Idee. - Denn laat uns man noch 'n Lütten hebben!

Das ist auch wahr! Eine gute Idee. - Dann laß uns noch ein Glas trinken!

Gabi:
Kümmt nich in de Tüüt! Dat doot wi nich!

Kommt nicht in Frage! Das tun wir nicht!

Klaus:
Keen tweten Buddel Knallkoom?

Keine zweite Flasche Sekt?

Gabi:

Du büst woll mall! Un denn noch 'n drütten, 'n veerten, 'n föften …	Du bist wohl verrückt! Und dann noch eine dritte, eine vierte, eine fünfte …

Klaus:

Tellen kann ik sülvst.	Zählen kann ich selbst.

Gabi:

Wenn wi uns 'n beten ranhoolt, denn hebbt wi dat in'n Halvstünnstiet trecht.	Wenn wir uns ein wenig beeilen, dann sind wir in einer halben Stunde fertig.

Klaus:

Wat mutt, dat mutt!	Es muß wohl sein!

Und so ist es auch. Noch vor Beginn der Tagesthemen stehen die Koffer fertig gepackt auf dem Flur. Doch ferngesehen wird heute nicht mehr, denn Gabi und Klaus wollen morgen früh nicht schon wieder verschlafen. Urlaub, endlich Urlaub, denkt Gabi, als sie Klaus noch ein Küßchen gibt. Aber der schnarcht bereits laut vernehmlich neben ihr.

Vokabeln zu Lex 2

Kuffer, de - Koffer
sik - sich
alleen - allein
verdüvelt - verteufelt, verdammt
weetst / weten - weißt / wissen
nipp un nau - ganz genau
Dood, de - Tod
afkönen - mögen
sülvst - selbst
Bickbeernmoos, dat - Siebensachen, Hab und Gut
tosamen - zusammen
söken - suchen
mutt / möten - muß / müssen
Stackel, de - bedauernswerter Mensch
dösig - blöd, dumm
Öllern - Eltern
aver - aber
dütmaal - dieses Mal
anfaten - anfassen
rümquesen - nörgeln
wedder - wieder
tüffelig - stoffelig
Lievwäsch, de - Unterwäsche
goot - gut
blieven - bleiben
langen - ausreichen
Kledaasch, de - Kleidung, Klamotten
enkelt - einzeln
aftellen - abzählen
deist / doon - tust / tun
wüllen - wollen
förwiss - bestimmt, sicher
glieks - gleich
fofteihn - Pause, 15
maken - machen
verpuusten - ausruhen
wohr - wahr
lütt - klein
Tüüt, de - Tüte
doot / doon - wir tun / tun
keen - keiner, keine, kein
Knallkööm, de - (scherzhaft für) Sekt
mall - verrückt, albern, wunderlich
tellen - zählen
ranholen, sik - sich beeilen
halv - halb
Stünn, de - Stunde
trecht - fertig, zurecht
Tall, de - Zahl

De Tallen - die Zahlen

1 - een / eerst(e)
2 - twee / tweet(e)
3 - dree / drütt(e)
4 - veer / veert(e)
5 - fief / föft(e)
6 - söss / . . .
7 - söven
8 - acht
9 - negen
10 - teihn
11 - ölven
12 - twölf
13 - dörteihn / dörteihnst(e)
14 - veerteihn / veerteihnst(e)
15 - föfteihn / föfteihnst(e)
16 - sössteihn / sössteihnst(e)
17 - söventeihn / söventeihnst(e)
18 - achteihn / achteihnst(e)
19 - negenteihn / negenteihnst(e)
20 - twintig / twintigste

21 - eenuntwintig
. . .
30 - dörtig
40 - veertig
50 - föftig
60 - sösstig
70 - söventig
80 - tachentig
90 - negentig
100 - hunnert
1000 - dusend

Brüche:

1 ½ - annerthalv
½ - een halv
⅓ - een drüttel
¼ - een viddel
⅕ - een föftel

bei der Uhrzeit:
halv**ig**
z. B. halvig negen

Übungen zu Lex 2

Ik över mi - ich über mich

a) Fülle bitte die Leerstellen aus! Schreibe die Zahlen aus!

1. Ik bün an den .... (ge)boren.
2. Ik heff .... Geswister.
3. Ik bün dat .... Kind vun mien Öllern.
4. Vun mien Verwandten leevt noch .... Unkel un Tanten.
5. Mien Telefonnummer is ....

   ....
6. Ik bring .... Pund op de Waag.
7. Ik bün .... Zentimeter groot.
8. Mien Schohgrötte is ....
9. Mien Glückstall is ....
10. Dat is .... Minuten na / vör ....

b) Übersetze die folgenden Sätze!

1. Ich kann meinen Koffer bestimmt allein packen.

2. Du weißt ganz genau, was alles mit muß.

3. Du ziehst jetzt Socken an, sonst nörgelst du gleich wieder rum.

4. Hast du deine Siebensachen zusammen?

5. Laß uns in einer halben Stunde Pause machen.

6. Wenn wir mit der ganzen Kleidung fertig sind, kannst du dich ausruhen.

Wat seggt de Klock? - Wie spät ist es?

c) Schreibe die folgenden Uhrzeiten vollständig aus!

Beachte dabei, daß wir Uhrzeiten in der Regel nicht wie in den Nachrichten, z. B. 8 Uhr 35, angeben, sondern »fünf Minuten nach halb neun« sagen. Ebenso zählen wir nicht 24 Stunden, sondern nur 12. Im Zweifelsfall geben wir noch die Tageszeit dazu an.

1. 10.42 Uhr

2. 12.15 Uhr

3. 00.45 Uhr

4. 20.30 Uhr

5. 09.13 Uhr

Lösungen zu a)

Sind die Angaben in Satz 1. und 6. wirklich richtig?

Lösungen zu b)

1. Ik kann mien Kuffer förwiss alleen packen.
2. Du weetst nipp un nau, wat allens mit mutt.
3. Du treckst nu Socken an, anners queest du glieks wedder rüm.
4. Hest du dien Bickbeernmoos tosamen?
5. Laat uns in'n Halvstünnstiet fofteihn maken.
6. Wenn wi mit de ganze Kledaasch trecht sünd, kannst du di verpuusten.

Lösungen zu c)

1. Dat is achteihn Minuten vör ölven.
2. Dat is viddel na twölf.
3. Dat is viddel vör een.
4. Dat is halvig negen (an'n Avend).
5. Dat is dörteihn Minuten na negen.

Ein Abzählreim

Een, twee, dree, veer, fief, söss, söven,
unse Katt hett Junge kregen.
Een is witt, een is swatt,
een is 'n ganz verdüvelt Katt.

Lex dree - Lektion drei

Urlaub, endlich Urlaub! Doch Klaus und Gabi standen zu Beginn ihrer Autofahrt gen Norden erst einmal in einem Stau. Jetzt aber haben sie freie Fahrt. Und als sie die Brücke über den Nordostseekanal hinter sich lassen, reißt der Himmel auf, und strahlender Sonnenschein bricht sich Bahn.

Gabi:	
In 'n Stünnstiet sünd wi dor.	In einer Stunde sind wir da.
Klaus:	
Wenn du wieder so nölig föhren deist, bruukt wi tominst noch gode twee Stünnen.	Wenn du weiter so trödelig fährst, brauchen wir mindestens noch gute zwei Stunden.
Gabi:	
Sitt ik achtert't Stüür, oder wullt du?	Sitz ich hinter dem Steuer, oder willst du?

Klaus:	
Ja, ja. Is al goot.	Ja, ja. Ist schon gut.
Gabi:	
Egaalweg datsülvige mit di. In een Tour büst du an't Quengeln. Maak to, du Traanfunzel! Loos, den kannst du doch noch överhalen, du Bangbüx!	Es ist dauernd dasselbe mit dir. In einem fort bist du am Nörgeln. Mach zu, du Transuse! Los, den kannst du noch überholen, du Angsthase!
Klaus:	
Ik hool jo al mien Muul.	Ich halte ja schon meine Klappe.
Gabi:	
Du hest dat villicht vergeten, dat domaals mit dien Broder. Du kunnst dat eenfach so verknusen. Ik nich.	Du hast es vielleicht vergessen, das damals mit deinem Bruder. Du konntest es einfach so wegstecken. Ich nicht.
Klaus:	
Gah mi an Land! Dat is doch nu al över dree Johr her.	Geh mir los! Das ist doch nun schon über drei Jahre her.

Gabi:

Eendoont, aver mi stickt dat jümmers noch in de Knaken. Jüst hebbt wi noch so fein snackt un daan un bumsbatz seten wi ünner den LKW.

Egal, aber mir steckt es immer noch in den Knochen. Grad waren wir noch so schön am Reden und plötzlich saßen wir unter dem LKW.

Klaus:

Ja, aver dor kunn doch mien Broder nix bi doon. Schuld hett doch de dösige Klapskalli vun LKW-Fohrer hatt.

Ja, aber dafür konnte mein Bruder doch nichts. Schuld hat doch der dumme Trottel von LKW-Fahrer gehabt.

Gabi:

Schuld sünd jümmers de annern.

Schuld sind immer die anderen.

Klaus:

Eenfach so ahn blinken utscheren!

Einfach ohne zu blinken auszuscheren.

Gabi:

As wenn du dat noch nienich daan harrst!

Als ob du das noch nie getan hättest!

Klaus:

Ach, klei mi doch an'n Moors.

L. m. a. A.!

Gabi:	
Liekers! Heinz weer to gau. Dorüm sünd wi dor rinrumst.	Trotzdem! Heinz war zu schnell, darum sind wir aufgefahren.
Klaus:	
Nu heff di nich so! Uns is doch nix malöört.	Stell dich nicht so an! Uns ist doch nichts passiert.
Gabi:	
Wenn wi nich so veel Glück hatt harrn, denn dään wi hier nu nich so sitten.	Wenn wir nicht so viel Glück gehabt hätten, säßen wir hier jetzt nicht so.
Klaus:	
Ohauahauaha! Wat wullt du bloots?	O je! Was willst du nur?
Gabi:	
Dat du mi in Roh laten deist, solang as ik an't Stüür sitten do.	Daß du mich in Ruhe läßt, solange ich am Steuer sitze.

Während sie nun stumm nebeneinander sitzen, führt ihr weiterer Weg mitten durch die schönste Landschaft. Und als sie ihr Urlaubsziel erreichen, haben sich Klaus und Gabi längst wieder versöhnt.

Vokabeln zu Lex 3

Stünnstiet, 'n - etwa eine Stunde
nölig - trödelig, langsam
bruken - brauchen, gebrauchen
tominst - mindestens, zumindest
sitten - sitzen
achter - hinter
Stüür, dat - Steuer
egaalweg - dauernd
datsülvige - dasselbe
in een Tour - in cinem fort
quengeln - nörgeln
Traanfunzel, de - Transuse
överhalen - überholen
Bangbüx, de - Angsthase
holen - halten
Muul, dat - Maul, Mund
vergeten - vergessen
domaals - damals
Broder, de - Bruder
kunnst - konntest, könntest
eenfach - einfach
verknusen - verkraften
eendoont - egal
steken - stecken
jümmers - immer
Knaken, de - Knochen, der / die
jüst - gerade, soeben, genau
fein - schön, hübsch, nett
snacken - reden, sprechen, plaudern
bumsbatz - plötzlich
seten - (wir, sic) saßcn
Klapskalli, de - Trottel, ungehobelter Mensch
Fohrer, de - Fahrer
ahn - ohne
nienich - nie (verstärkt)
kleien - kratzen
liekers - trotzdem, gleichwohl, dennoch
dorüm - darum
rinrumsen - hineinfahren
malören - verunglücken; Pech haben
Roh, de - Ruhe

Einige unregelmäßige Verben

doon - tun

	Präsens	*Präteritum*
ik	do	dä
du	deist	dääst
he / se / dat	deit	dä
wi / ji / se	doot	dään

Partizip Perfekt: daan
Imperativ: do! / doot!

hebben - haben

	Präsens	*Präteritum*
ik	heff	harr
du	hest	harrst
he / se / dat	hett	harr
wi / ji / se	hebbt	harrn

Partizip Perfekt: hatt
Imperativ: heff! / hebbt!

ween - sein

	Präsens	*Präteritum*
ik	bün	weer
du	büst	weerst
he / se / dat	is	weer
wi / ji / se	sünd	weern

Partizip Perfekt: ween
Imperativ: wees! - sie! / weest! - sied!

Übungen zu Lex 3

a) Setze die jeweils fehlenden Gegenwarts- oder Vergangenheitsformen ein!

1. Ik harr keen Lust.

   Ik .... keen Lust.

2. Du büst goot.

   Du .... goot.

3. Wat deit se dor?

   Wat .... se dor?

4. Wi hebbt Sott.

   Wi .... Sott.

5. Ji doot nich goot.

   Ji ..... nich goot.

6. Se harrn dat daan.

   Se ...... dat daan.

7. Ik weer al dor.

   Ik ..... al dor.

8. Dat hebbt wi hatt.

   Dat ...... wi hatt.

9. Ik bün dor mit bi.

   Ik .... dor mit bi.

10. Weer dat wat?

    ...... dat wat?

> Wenn een doon deit, wat he deit,
> denn kann he nich mehr doon, as he deit.
>
> De Dag för Dag sien Arbeit deit,
> un jümmers op 'n Posten steiht,
> un deit dat goot un deit dat geern,
> de dörf sik ook maal amüseern.

b) Übersetze die folgenden Sätze!

1. In etwa einer Stunde fahre ich wieder weiter.

2. Ich konnte nichts dafür, daß wir dort aufgefahren sind.

3. Der Fahrer war am Reden und ist zu schnell gefahren.

4. Daß wir damals verunglückt sind, steckt mir immer noch in den Knochen.

5. Solange du am Steuer sitzt, brauche ich nicht zu fahren.

6. Laß uns zwei Stunden lang einfach alles vergessen!

Unkels un Tanten, dat sünd Verwandten!

c) Setze die richtigen der folgenden Wörter ein: Vadder, Mudder, Öllern, Mann, Fro, Söhn, Dochter, Kind, Kinner, Jung, Deern, Broder, Bröder(s), Süster, Grootvadder, Grootmudder, Enkel(söhn), Enkeldochter, Unkel, Tante, Vedder, Kusine, Neffe, Nichte, Broderkind, -söhn, -dochter, Süsterkind, -söhn, -dochter, Swager, Swägerin (Swägersch), Swiegerdochter, Swiegersöhn, Swiegervadder, Swiegermudder.

1. Gabi ehr Broder Nico hett een Jung, de heet Dennis. Dennis is Gabi ehr ....
2. Dennis seggt to Gabi ....
3. Gabi ehr Grootmudder Meta hett twee Kinner, allens Jungs, dat sünd Gabis

   ....
4. De beiden sünd ....
5. Gabi ehr Vadder sien Fro is ehr Unkel sien

   ....
6. Gabis Mudder is Meta ehr ....
7. De Mann vun Meta is Nico sien ....

Lösungen zu a)

1. heff, 2. weerst, 3. dä, 4. harrn, 5. dään, 6. hebbt, 7. bün, 8. harrn, 9. weer, 10. Is

Lösungen zu b)

1. In 'n Stünnstiet föhr ik wedder wieder.
2. Ik kunn dor nix bi doon (nix för), dat wi dor rinrumst sünd.
3. De Fohrer weer an't Snacken un is to gau föhrt.
4. Dat wi domaals malöört sünd, stickt mi jümmers noch in de Knaken.
5. Solang du an't Stüür sittst, bruuk ik nich föhren.
6. Laat uns twee Stünnen lang eenfach allens vergeten!

Lösungen zu c)

1. Brodersöhn oder Neffe, 2. Tante, 3. Vadder un Unkel, 4. Bröder(s), 5. Swägerin oder Swägersch, 6. Swiegerdochter, 7. Grootvadder

Schwierige Wörter

een - Zahlwort: einer, eine, eins; einer, eine, ein; irgendeiner, jemand; man
man - nur (häufig nur Füllwort); aber, jedoch
He hett man een Peerd - nur ein Pferd. - *Man to!* - Los! - *He will woll, man he kann man nich.* - Er will wohl, aber er kann nicht.

Lex veer - Lektion vier

Gabi und Klaus genießen die Tage an der See und erholen sich prächtig in der kräftigenden Meeresluft. Auch die Sonne spielt mit. Nicht ein einziges Mal mußten sie bisher ihre Friesennerze anziehen. Aber so ein Traumwetter hat auch seine Tükken.

Klaus:	
Wohrschau! Mien Sünnenbrand!	Paß auf! Mein Sonnenbrand!
Gabi:	
Wat höörst ook nich op mi? Wo faken heff ik di vörpreestert, riev di in, anners verbrennst du di dat Fell un blarrst rüm.	Warum hörst du auch nicht auf mich? Wie oft hab ich auf dich eingeredet, reib dich ein, sonst verbrennst du dir die Haut und jammerst.
Klaus:	
Woans schull ik denn weten, dat de Sünn	Wie sollte ich denn wissen, daß die Sonne

hier so veel glöhniger steken deit?

hier so viel glühender sticht?

Gabi:

Nu warrt rieten! Sik 'n halven Dag mit 'n blanken Puckel so an 'n Strand leggen un sik nich rippen un nich rögen!

Jetzt ist es aber gut! Sich einen halben Tag mit nacktem Rücken so an den Strand zu legen und sich nicht zu bewegen!

Klaus:

Is jo gor nich wohr! De meiste Tiet heff ik graavt un mi afmaracht.

Das ist gar nicht wahr! Die meiste Zeit habe ich gegraben und mich geschunden.

Gabi:

Du mit dien dammelige Sandborg »Kastell Klaus«.

Du mit deiner blöden Sandburg »Kastell Klaus«.

Klaus:

Is aver grötter as all de annern.

Sie ist aber größer als alle anderen.

Gabi:

Un wenn dat de gröttste is! Du warrst eenfach nich klöker.

Und wenn es die größte ist! Du wirst einfach nicht klüger.

Klaus:	
Dat brennt leger un leger. Un vun dien Schafutern warrt mien Wehdaag ook nich beter.	Es brennt immer schlimmer. Und von deinem Schimpfen werden meine Schmerzen auch nicht besser.
Gabi:	
Treck dien Hemd ut un legg di op't Bett!	Zieh dein Hemd aus und leg dich aufs Bett!
Klaus:	
Aver nich op 'n Rüch!	Aber nicht auf den Rücken!
Gabi:	
Nee, keen Bang, op 'n Buuk, mien Schietbüdel.	Nein, keine Angst, auf den Bauch, mein Liebling.
Klaus:	
Wat kriegt wi denn nu?	Was kommt denn jetzt?
Gabi:	
Hier, dat smeer ik di op'n Puckel un denn bliffst fein liggen, bet dat introcken is.	Hier, damit creme ich dir den Rücken ein und dann bleibst du schön liegen, bis es eingezogen ist.

Klaus:

Oh, bannig goot maakst du dat!	Oh, sehr gut machst du das!

Gabi:

Lehrt is lehrt.	Gelernt ist gelernt.

Klaus:

Warrt glieks veel koler.	Es wird gleich viel kälter.

Gabi:

Sühst woll! So, vundaag gaht wi beter nich an'n Strand. Wi sett uns an'n besten in'n Schatten un leest 'n Stremel.	Siehst du! So, heute gehen wir besser nicht an den Strand. Wir setzen uns am besten in den Schatten und lesen ein bißchen.

Klaus:

Allerbest!	Allerbest!

Doch soweit kommt es nicht. Denn kaum hat Gabi die Tube zugeschraubt, da ist Klaus auch schon entschlummert. Er träumt, wie ein Wolkenbruch das stolze »Kastell Klaus« wegspült.

Vokabeln zu Lex 4

wohrschau - paß auf, aufgepaßt, Achtung
Sünn, de - Sonne
wo - wie
faken - oft
vörpreestern - einreden, belehren
rieven - reiben
Fell, dat - Fell, Haut
blarren - plärren, greinen, weinen
woans - wie (Art und Weise)
veel - viel
glöhnig - glühend
steken - stechen, stecken
rieten - reißen
Dag, de - Tag
Puckel, de - Buckel, Rücken
leggen - legen
rippen, sik - sich bewegen, rühren (nur mit ›rögen‹)
rögen, sik - sich bewegen, rühren
gor - gar
Tiet/Tieden, de - Zeit/Zeiten
graven - graben
afmarachen, sik - sich abschinden
dammelig - unsinnig, albern, dumm
Borg, de - Burg
all - alle
klook / klöker - klug / klüger
leeg / leger - übel / übler
schafutern - schimpfen
Wehdaag, de - Schmerzen
trecken - ziehen
Rüch, de - Rücken
Bang, de - Angst, Furcht
Buuk, de - Bauch
Schietbüdel, de - (Kosewort)
smeren - schmieren, cremen
liggen - liegen
bannig - sehr
lehren - lernen, lehren
koolt / koler - kalt / kälter
beter - besser
Stremel, de - Stück, Strecke, Streifen

Beispiele für die Beugung von Verben

blarren - weinen

	Präsens	*Präteritum*
ik	blarr	blarr
du	blarrst	blarrst
he / se / dat	blarrt	blarr
wi / ji / se	blarrt	blarren

Partizip Perfekt: blarrt

Imperativ: blarr! / blarrt!

rieten - reißen

	Präsens	*Präteritum*
ik	riet	reet
du	rittst	reetst
he / se / dat	ritt	reet
wi / ji / se	riet	reten

Partizip Perfekt: reten

Imperativ: riet! / riet!

eten - essen

	Präsens	*Präteritum*
ik	eet	eet
du	ittst	eetst
he / se / dat	itt	eet
wi / ji / se	eet	eten

Partizip Perfekt: eten

Imperativ: eet! / eet!

Übungen zu Lex 4

a) Setze die jeweils fehlenden Vergangenheits- oder Gegenwartsformen ein!

1. Er weinte mir die Ohren voll.

   He bl....... mi de Ohren vull.

2. Sie fuhren nach Hause.

   Se .... na Huus.

3. Du hast uns überholt.

   Du .... uns ....

4. Sie blieb am Strand liegen.

   Se .... an'n Strand ....

5. Du bleibst im Bett und reibst dich ein.

   Du .... in't Bett un .... di in.

6. Ich kriege etwas abgezählt.

   Ik kr......... wat ....

7. Nun iß etwas und rede nicht so viel!

   Nu ...... wat un .... nich so veel!

8. Der Mensch ißt, das Pferd frißt.

   De Minsch ...., dat Peerd ....

b) Übersetze die folgenden Sätze!

1. Der Sonnenbrand auf deinem Rücken brennt.

2. Wie sollte ich wissen, daß deine Sandburg die größte ist?

3. Du verbrennst dir beim Graben am Strand die Ohren.

4. Wenn die Sonne nicht mehr so glühend sticht, wird es kälter.

5. Achtung! Ich kann so übel schimpfen, daß du vor Schmerzen im Bett liegen bleibst.

6. Ich schmier dir die Salbe auf die bloße Haut.

c) Setze die Steigerungsformen ein!
(siehe dazu auch Seite 86)

1. Du büst klook, man ik bün veel .... Un mien Süster is de .... vun uns all.
2. Gabi is 'n lege Fohrersch, man Klaus föhrt noch ....
3. Gabi is nich grötter as Klaus un ook nich lütter, se is jüst so .... as Klaus.
4. De LKW föhrt gau, Gabi föhrt .... un Klaus föhrt ....
5. Ik heff veel Geld, aver Gabi hett .... Geld un Klaus hett .... Geld.
6. Dat is al koolt, man dat schall noch veel .... warrn un Sünndag warrt de .... Dag.
7. Wat goot is, kann liekers noch .... warrn.
8. Gabi ehr Rock is root as 'n Appel, man Klaus sien Slips is noch ....
9. Na Rom is dat wiet, na Kairo is dat .... un na Tokio is dat ....

Lösungen zu a)

1. blarr, 2. föhren, 3. hest - överhaalt, 4. bleev - liggen, 5. bliffst - riffst, 6. krieg - aftellt, 7. eet - snack, 8. itt - fritt.

Lösungen zu b)

1. De Sünnenbrand op dien Puckel (Rüch) brennt.
2. Woans schull ik weten, dat dien Sandborg de gröttste is.
3. Du verbrennst di bi't Graven (Buddeln) an'n Strand de Ohren.
4. Wenn de Sünn nich mehr so glöhnig stickt (steken deit), warrt dat koler.
5. Wohrschau! Ik kann so leeg schafutern, dat du vör Wehdaag in't Bett liggen bliffst.
6. Ik smeer di de Salv op de blanke Huut.

Lösungen zu c)

1. klöker - Klöökst(e), 2. leger, 3. groot / lütt, 4. gauer - an'n gausten, 5. mehr - an'n meisten / dat meiste, 6. koler - koolste, 7. beter, 8. roder, 9. wieder - an'n wietsten.

Schwierige Wörter

keen - kein, keiner
keen - wer (verkürzt aus *wokeen*)
Keen hett dat daan? - Keen hett dat daan.
Wer hat es getan? - Keiner hat es getan.

Lex fief - Lektion fünf

Wer kennt es nicht? Im Urlaub hat man den ganzen Tag über Appetit, muß hier etwas knuspern und da etwas naschen. Und regelmäßig abends stellt sich die Frage: Wo gehen wir heute essen? Wenn dieses Problem gelöst ist, sitzt man vor der Speisekarte und hat immer noch die Qual der Wahl.

Klaus:	
Weetst du al, wat du hebben wullt?	Weißt du schon, was du bestellen willst?
Gabi:	
Keen Steak! Annerletzt weer dat so taag, as wenn se 'n Oss ut't Museum klaut harrn.	Kein Steak! Letztens war es so zäh, als ob sie einen Ochsen aus dem Museum gestohlen hätten.
Klaus:	
Also, mien grüne Hering mit Speckstippels hett smeckt.	Also, mein grüner Hering mit Specksoße hat geschmeckt.

Gabi:

Ja, worüm schull ik nich Fisch nehmen? Wat dücht di to Dösch?

Ja, warum sollte ich nicht Fisch nehmen? Was hältst du von Dorsch?

Klaus:

Ook nich verkehrt. Oder hier: Seetungen frisch fungen.

Auch nicht schlecht. Oder hier: Seezungen frisch gefangen.

Gabi:

Kiek maal! Kiek bloots maal! Hest du de Oolsch sehn?

Guck mal! Guck bloß einmal! Hast du die Alte gesehen?

Klaus:

Wat för 'n Oolsch?

Welche Alte?

Gabi:

Na, de Deern, de jüst mit den olen Daddi weggahn is?

Na, das Mädchen, das gerade mit dem alten Mann weggegangen ist?

Klaus:

Nee! Woso? Wat weer denn mit ehr?

Nein! Wieso? Was war denn mit ihr?

Gabi:

De harr villicht 'n snaakschet gelet Kleed an. Wiss böös düür, sehg aver verbaden ut. Un so 'n ganz bredet gollen Armband an de Hand un dree lütte Keden an ehrn spiddeligen Enkel.

Die trug vielleicht ein merkwürdiges gelbes Kleid. Bestimmt sehr teuer, sah aber unmöglich aus. Und so ein ganz breites goldenes Armband an der Hand und drei Kettchen an ihrem dünnen Knöchel.

Klaus:

Denn hett de Ool förwiss wat an de Hakken. Un de Scharpbüx is bloots achter den sien Geld ran.

Dann ist der Alte bestimmt wohlhabend. Und das Flittchen hat es auf dessen Geld abgesehen.

Gabi:

Wo wullt du dat vun afweten? Du büst ehr doch gor nich wiesworrn.

Woher willst du das wissen? Du hast sie doch gar nicht bemerkt.

Klaus:

Ja, glöövst denn, so 'n junge Deern gifft sik anners mit so 'n olen Knacker af?

Ja, glaubst du denn, so ein junges Mädchen gibt sich sonst mit so einem alten Kerl ab?

Gabi:

Dat de beiden sik wiss un wohrhaftig leev hebbt, dat köönt ji Mannslüüd woll nich in'n Brägen kriegen, wat?	Daß die beiden sich wirklich lieben, das geht euch Männern wohl nicht in den Schädel, wie?

Klaus:

Man du hest doch sülvst ...	Aber du hast doch selbst ...

Gabi:

Sabbel nich! Ik heff seggt, dat gele Kleed lett verbaden. Dat weer allens.	Red nicht! Ich habe gesagt, ihr gelbes Kleid sieht unmöglich aus. Das war alles.

Klaus:

Ja, ja, is al goot. - Wat ittst du denn nu?	Ja, ja, ist schon gut. - Was ißt du denn nun?

Gabi:

Pizza!	Pizza!

Gabi geht auf Nummer sicher. Wer weiß schon genau, was sich hinter solch exotischen Gerichten wie »Snuten un Poten«, »Beren, Bohnen un Speck« oder »Swattsuur« verbirgt?

Vokabeln zu Lex 5

annerletzt - das vorige Mal, neulich
taag - zäh
Oss, de - Ochse
klauen - stehlen
gröön - grün
Stippels, de - Soße, Tunke
worüm - warum, worum
dücht / dünken - dünken, scheinen
Dösch, de - Dorsch (Fischart)
Seetung, de - Seezunge (Fischart)
kieken - gucken
Oolsch, de - Frau, Alte
Deern, de - Mädchen
Daddi, de - alter Mann, Greis
woso - wieso
snaaksch - merkwürdig
geel - gelb
Kleed, dat - Kleid
wiss - gewiß
böös - böse, sehr
düür - teuer
verbaden / verbeden - verboten / verbieten
breet - breit
gollen - golden
Keed, de - Kette
spiddelig - dünn, zerbrechlich
Enkel, de - Fußknöchel
Scharpbüx, de - Flittchen
scharp - scharf
afweten - wissen, sich auf etwas verstehen
wieswarrn - gewahr werden, bemerken
glöven - glauben
wohrhaftig - wirklich
leev - lieb
leev hebben - lieben
Mannslüüd, de - Männer
Brägen, de - Hirn, Schädel
sabbeln - unnötiges Zeug reden
lett / laten - scheint / scheinen, läßt / lassen
Snuut, de - Schnauze
Poot, de - Pfote, Klaue
Beer, de - Birne
Swattsuur, dat - Schwarzsauer (Gericht)

Einige Hilfsverben

warrn - werden

	Präsens	*Präteritum*
ik	warr	worr / wöör
du	warrst	worrst / wöörst
he / se / dat	warrt	worr / wöör
wi / ji / se	warrt	worrn / wöörn

Partizip Perfekt: worrn
Imperativ: warr! / warrt!

wüllen - wollen

	Präsens	*Präteritum*
ik	will	wull
du	wullt	wullst
he / se / dat	will	wull
wi / ji / se	wüllt	wullen

Partizip Perfekt: wullt
Imperativ: will! / wüllt!

könen - können

	Präsens	*Präteritum*
ik	kann	kunn
du	kannst	kunnst
he / se / dat	kann	kunn
wi / ji / se	köönt	kunnen

Partizip Präsens: kunnt
Imperativ: kann! / köönt!

Übungen zu Lex 5

a) Setze die richtige Form ein!

Beachte dabei, daß der Konjunktiv mit den Formen des Präteritums gebildet wird.
(siehe dazu auch Seite 77/79)

1. Sie konnten ihm nicht mehr helfen.

   Se .... em nich mehr hölpen.

2. Sie sind nie gefragt worden.

   Se .... nienich fraagt ....

3. Du könntest mich besuchen.

   Du .... mi besöken.

4. Hätte ich es nur getan!

   .... ik dat man .... !

5. Willst du nicht oder kannst du nicht?

   .... du nich oder .... du nich?

6. Wir werden es dir schon zeigen!

   Wi .... di dat al .... !

7. Wird es bald etwas?

   .... dat bald wat?

b) Übersetze die folgenden Sätze!

1. Wenn der Alte ihr ein grünes Kleid schenken kann, ist er bestimmt wohlhabend.

2. Daß du die goldene Kette aus dem Museum gestohlen hast, davon will ich nichts wissen.

3. Es geht mir nicht in den Schädel, daß ein Ochse keinen grünen Hering mag.

4. Letztens bin ich die merkwürdigen Männer gewahr geworden.

5. Auch wenn es unmöglich aussieht, du kriegst eine Seezunge für deinen Knöchel.

c) Setze die richtige Form ein!
(siehe dazu auch Seite 85)

1. Der Mann ist alt und grau.

   Dat is 'n ...... un .... Mann.

2. Die Frau ist groß.

   Dat is 'n .... Fro.

3. Das Kleid ist grün.

   Dat is 'n .... Kleed.

4. Ich habe einen scharfen Hund.

   Ik heff 'n .... Hund.

5. Ich habe die rote Katze gesehen.

   Ik heff de .... Katt sehn.

6. Kleine Kinder machen kleinen Ärger.

   .... Kinner maakt .... Arger.

7. Die gelben Äpfel sind die schönsten.

   De .... Appeln sünd de schöönsten.

8. Hast du die schwarzen Fliegen bemerkt?

   Büst du de .... Flegen wiesworrn?

9. Das ist eine teure Tasse Tee.

   Dat is 'n .... Tass Tee.

Lösungen zu a)

1. kunnen, 2. sünd - worrn, 3. kunnst, 4. Harr - daan, 5. Wullt - kannst, 6. wüllt / warrt - wiesen, 7. Warrt

Lösungen zu b)

1. Wenn de Ool ehr 'n grönet Kleed schenken kann, hett he förwiss wat an de Hacken.
2. Dat du de gollen Keed ut't Museum klaut hest, dor will ik nix vun afweten.
3. Dat geiht mi nich in 'n Brägen, dat 'n Oss keen grönen Hering mag.
4. Annerletzt bün ik de snaakschen Mannslüüd wiesworrn.
5. Ook wenn dat verbaden lett / utsüht, du kriggst 'n Seetung för dien Enkel.

Lösungen zu c)

1. olen - griesen, 2. grote, 3. grönet, 4. scharpen, 5. rode, 6. Lütte - lütten, 7. gelen, 8. swatten, 9. düre / düür

Schwierige Wörter

al - schon (sprich kurz wie hochdeutsch ›All‹)
all - alle, aufgebraucht (sprich lang wie ›Aal‹)
Aal - Aal, Aale (sprich lang mit dumpfem å)
De Aal sünd al all all. - Die Aale sind schon alle ausverkauft / aufgegessen.

Lex söss - Lektion sechs

Wenn zwei Wochen Urlaub vor einem liegen, glaubt man gern, alle Zeit der Welt zu haben. Sind sie dann vorbei, ist man wiederum erstaunt, wie schnell sie vergangen sind. Gabi und Klaus sind längst nach Hause zurückgekehrt. Der Alltag hat sie wieder, aber ...

Gabi:

Kumm, maak uns 'n Buddel witten Wien op! Wi kiekt uns de Billers an.

Komm, mach uns eine Flasche Weißwein auf! Wir gucken uns die Bilder an.

Klaus:

Ah, de Radtour!

Ah, die Fahrradtour!

Gabi:

Egentlich weer de Idee mit dat Tandem gor nich so ganz verkehrt.

Eigentlich war die Idee mit dem Tandem gar nicht so ganz falsch.

Klaus:

Harrst jo ook mit

Du hättest ja auch mit

oppassen kunnt, vun wo de Wind her weiht.

aufpassen können, woher der Wind weht.

Gabi:

Hen weer dat jo ook ’n kommodiget Pedden, so mit Wind vun achtern.

Auf dem Hinweg war es ja auch ein gemütliches Treten, so mit Wind von hinten.

Klaus:

Ja, ja, ik weet, wi harrn nich so lang in ’n Kroog sitten blieven schullt.

Ja, ja, ich weiß, wir hätten nicht so lange in der Wirtschaft sitzen bleiben sollen.

Gabi:

Du hest jo afsluuts noch ’n Pharisäer wegneihen musst.

Du mußtest ja unbedingt noch einen Pharisäer wegputzen.

Klaus:

Ach, nu hett dat wedder an mi legen. Man wokeen kunn dor denn mit reken, dat dat Storm gifft?

Ach, nun hat es wieder an mir gelegen. Aber wer konnte denn damit rechnen, daß es Sturm gibt?

Gabi:

Minschenskind, weer di dat retour ’n asige Strampelee!

Menschenskind, war es zurück eine üble Strampelei!

Klaus:

Mi deit noch de Achtersteven weh, wenn ik dor bloots an denken do.

Mir tut noch der Hintern weh, wenn ich nur daran denke.

Gabi:

Kannst du di dor noch op besinnen, wo uns de Lüüd ankeken hebbt, as wi kladdernatt un mit hoochrode Köpp na't Quarteer trüchkamen sünd?

Kannst du dich noch daran erinnern, wie uns die Leute angeguckt haben, als wir klatschnaß und mit hochroten Köpfen ins Quartier zurückgekommen sind?

Klaus:

As wenn wi brägenklöterig weern!

Als ob wir verrückt wären!

Gabi:

Leet jo ook meist so. - Segg maal, neem weer düt Bild hier noch maal?

Schien ja auch fast so. - Sag mal, wo war dieses Foto hier eigentlich noch?

Klaus:

Dat is doch de Tuun, wo wi de Brummel-

Das ist doch der Zaun, wo wir die Brom-

beren plückt hebbt un du di dien kotte Büx tweireten hest.

beeren gepflückt haben und du dir deine kurze Hose zerrissen hast.

Gabi:

Oha, un denn de ole Buur, de uns sien Köter op'n Hals jaagt hett!

Oje, und dann der alte Bauer, der uns seinen Hund auf den Hals gejagt hat!

Klaus:

Heff gor nich wusst, dat du so birsen kannst.

Ich habe gar nicht gewußt, daß du so rennen kannst.

Gabi:

Un liekers harr he mi meist faatkregen. - Mien Glas is leddig, Klaus.

Und trotzdem hätte er mich fast gefaßt. - Mein Glas ist leer, Klaus.

Klaus:

Is noog Wien in de Buddel. Prost!

Es ist genug Wein in der Flasche. Prost!

Ja, es waren wieder zwei ruhige, erholsame Urlaubswochen, von denen Klaus und Gabi noch lange zehren können. Wo sie wohl im nächsten Jahr hinfahren?

Vokabeln zu Lex 6

witt - weiß
Wien, de - Wein
Bild, dat / Biller(s), de - Bild / Bilder
oppassen - aufpassen
weihen - wehen
kommodig - bequem, gemütlich
pedden - treten
achtern - hinten
Kroog, de - Krug, Wirtschaft
afsluuts - absolut, unbedingt
Pharisäer, de - (Getränk: Kaffee, Rum und Schlagsahne)
wegneihen - schlingen, verzehren
wokeen - wer
reken - rechnen
Storm, de - Sturm
Minsch, de / dat - Mensch
retour - zurück
asig - schlimm, übel, schlecht
Achtersteven, de - Hintern, Schiffsheck
besinnen op, sik - sich erinnern an
kladdernatt - klatschnaß
Kopp, de - Kopf
trüch - zurück
brägenklöterig - verrückt, ›hirnklapprig‹
Tuun, de - Zaun
Brummelbeer, de - Brombeere
plücken - pflücken
kort / kott - kurz
twei - entzwei, kaputt
ole / oolt - alte / alt
Buur, de - Bauer
birsen - rennen, hasten
meist - fast
faatkriegen - erwischen, packen
leddig - leer
noog - genug, ausreichend

Richtungs- und Ortsangaben

rop op, rin in, ruut ut

Richtungen werden - anders als im Standard-Deutschen - bevorzugt doppelt angegeben, z. B. ins Zimmer - *rin in* (*rin na*) *de Stuuv*, in den Keller - *daal na* (*daal in*, *rünner na*, *rünner in*) *den Keller*, über die Straße - *röver över de Straat*.

na, na, na

Sowohl bei Orten wie auch bei Personen und Einrichtungen heißt es *na*, z. B. zum Bäcker - *na'n Bäcker*, zu Klaus - *na Klaus*, nach Kiel - *na Kiel*.

mank, twüschen

Wie im Englischen zwischen ›among‹ und ›between‹ wird auch im Plattdeutschen unterschieden. Wenn sich etwas zwischen zwei Punkten oder Gegenständen befindet, heißt es *twüschen*. Befindet sich etwas in einer Gruppe, Menge, Substanz, heißt es *mank*, z. B.
twüschen twee Stöhl - zwischen zwei Stühlen,
mank de Arfen - zwischen (unter) den Erbsen.

»Mank uns mank is een mank, de nich mank uns mank hören deit.«

Übungen zu Lex 6

a) Setze die passenden Wörter ein!

1. Komm aus dem Bett!

   Kumm .... de Puuch!

   Kumm .... de Puuch .... !

2. Gehe über Los!

   Gah .... Los!

   Gah .... Los .... !

3. Ich guckte in die Bücher.

   Ik keek .... de Böker.

   Ik keek .... de Böker ....

4. Wann gehst du zum Arzt?

   Wannehr geihst du .... ’n Dokter?

   Wannehr geihst du .... ’n Dokter ..... ?

5. Bring es hinauf zu Gabi!

   Bring dat .... Gabi!

   Bring dat .... Gabi ...... !

6. Ein schwarzes unter weißen Schafen.

   Een swattet .... witte Schaap.

b) Eine Feinheit

Wörter wie *woför*, *wohen*, *woto* oder *dormit*, *dorhen*, *dorto* können im Plattdeutschen gesplittet werden.

Wovon hast du geredet?
wovun: **Wo** hest du **vun** snackt?

1. Wofür wollt ihr das haben?

   woför: ....

2. Ich will dazu nichts sagen.

   dorto: ....

3. Womit machst du das?

   womit: ....

4. Davon will ich nichts wissen.

   dorvun: ....

5. Damit will ich nichts zu tun haben.

   dormit: ....

Häufig werden die mit *wo-* beginnenden Wörter auch mit *wat* umschrieben, z. B. *woför - för wat*, *womit - mit wat*.

c) Übersetze die folgenden Sätze!

1. Der alte Bauer will unbedingt eine Fahrradtour in seiner kurzen Hose machen.

2. Wir sind so verrückt und wollen klatschnaß bei Sturm Brombeeren pflücken.

3. Mensch, wie war es gemütlich, als wir in der Wirtschaft ein Glas Wein weggeputzt haben.

4. Wir konnten nicht damit rechnen, daß der Köter uns dort am Zaun fast gefaßt hätte.

5. Ich kann mich noch daran erinnern, wie ich beim Rennen einen hochroten Kopf bekommen habe.

6. Das war es!

Lösungen zu a)

1. ruut ut, ut - ruut, 2. röver över, över - röver, 3. rin in, in - rin, 4. hen na, na - hen, 5. rop / hooch na, na - rop / hooch, 6. mank

Lösungen zu b)

1. **Wo** wüllt ji dat **för** hebben?
2. Ik will **dor** nix **to** seggen.
3. **Wo** maakst du dat **mit**?
4. **Dor** will ik nix **vun** (af)weten.
5. **Dor** will ik nix **mit** to doon hebben.

Lösungen zu c)

1. De ole Buur will afsluuts ’n Radtour in sien kotte Büx maken.
2. Wi sünd so brägenklöterig un wüllt kladdernatt bi Storm Brummelberen plücken.
3. Minsch, wat weer dat kommodig, as wi in’n Kroog ’n Glas Wien wegneiht hebbt.
4. Wi kunnen dor nich mit reken, dat de Köter uns dor an’n Tuun meist faat kregen harr.
5. Ik kann mi dor noch op besinnen, wo ik bi’t Birsen ’n hoochroden Kopp kregen heff.
6. Dat weer dat!

Kleine Grammatik

Zum Verb / zum Tätigkeitswort

Zur Flexion / zur Beugung

Wie im Hochdeutschen gibt es schwache, starke und unregelmäßige Verben.

Anders als das Hochdeutsche unterscheidet das Plattdeutsche im Plural bei der Beugung nicht zwischen *wi*, *se* und *ji*.
Präsens: *wi, ji, se lach**t**, loop**t**, lehr**t***
Präteritum: *wi, ji, se lach**en**, lep**en**, lehr**en***
In den sogenannten ›kolonialplattdeutschen‹ Gebieten (Ostfriesland, Mecklenburg, Vorpommern und das ehemalige Herzogtum Schleswig) enden diese Pluralformen auch im Präsens auf *-**en***, *wi, ji, se lach**en**, lop**en**, lehr**en***.

Die schwachen Verben ändern ihren Vokal bei der Beugung nicht und bilden das Partizip Perfekt auf *-t*.
Der Unterschied zwischen Präsens und Präteritum ist bei schwachen Verben in der 1. und 2. Person Einzahl nicht zu erkennen.

Präsens: *ik lehr, du lehrst, he lehrt, wi lehrt*
Präteritum: *ik lehr, du lehrst, he lehr, wi lehren*
Die Vergangenheit wird aber bevorzugt als Perfekt gebildet, z. B. *ik heff lehrt, du hest lehrt*. (Siehe dazu auch *blarren* Seite 52.)

Die starken Verben ändern ihren Vokal bei der Beugung und bilden das Partizip Perfekt auf *-en*.
bieten - beet - beten, beißen - biß - gebissen
kamen - keem - kamen, kommen - kam - gekommen
Die Vokalveränderung kann wie im Hochdeutschen auch innerhalb einer Zeitstufe bei der 2. und 3. Person Einzahl auftreten.
ik biet, du bittst, he bitt, wi biet
ik kaam, du kümmst, he kümmt, wi kaamt
(Siehe dazu auch *rieten* und *eten* Seite 52.)

Die unregelmäßigen Verben ändern oft ihren Vokal bei der Beugung, bilden das Partizip Perfekt aber auf *-t*.
seggen: ik segg, ik sä, ik heff seggt
hebben: ik heff, ik harr, ik heff hatt
(Zu *hebben* siehe auch Seite 42.)

Unregelmäßig gebeugt werden auch die Hilfsverben *ween / sien*, *warrn*, *hebben*, *wüllen*, *schüllen*, *könen*, *mögen*, *möten*, *dörven* sowie auch *doon*, z. B. *deist dat glöven?* - glaubst du das?, *stimmen deit dat* - es stimmt.

(Zu *ween* und *doon* siehe auch Seite 42, zu *warrn*, *wüllen*, *könen* Seite 62.)

Zum Futur / zur Zukunftsform
Das Futur wird ähnlich dem Hochdeutschen mit *warrn* oder den Hilfsverben *schüllen* und *wüllen* gebildet oder durch das Präsens ersetzt, z. B. *he schall sik wunnern* - er wird sich wundern, *he will woll noch kamen* - er wird wohl noch kommen, *ik kaam glieks* - ich werde gleich kommen.

Zum Konjunktiv / zur Möglichkeitsform
Das Plattdeutsche kennt keine eigenen Formen für den Konjunktiv. An diese Stelle treten die Vergangenheitsformen, z. B. *he seggt, he keem vundaag* - er sagt, er käme heute, *he sä, he weer kamen* - er sagte, er wäre gekommen. Der Konjunktiv wird aber kaum verwendet.

Zum Passiv / zur Leideform
Das Passiv wird vergleichbar dem Hochdeutschen mit *warrn* gebildet. Es werden aber bevorzugt aktivische Konstruktionen verwendet, z. B. *se hebbt mi ansmeert* - ich wurde betrogen, *wat hebbt se lacht* - es wurde viel gelacht.

Zum Infinitiv / zur Grundform
Nicht vor jedem Infinitiv, dem im Hochdeutschen ein ›zu‹ voranzugehen hat, muß im Plattdeutschen ein *to* stehen, z. B. *du bruukst nich kamen* - du brauchst nicht **zu** kommen.

Es kann dem Infinitiv aber auch ein *to* vorangehen, wo im Hochdeutschen kein ›zu‹ zugelassen ist, z. B. *he hett jümmers 'n Glas vör sik* ***to*** *stahn* - er hat immer ein Glas vor sich stehen.

Zu den Partizipien / zu den Mittelwörtern

Das Partizip Präsens unterscheidet sich in attributiver Stellung nicht vom Infinitiv, z. B. *kaken Water* - kochendes Wasser, *'n reisen Gesell* - ein reisender Geselle.

In adverbialer Stellung kann es durch *to* und den Infinitiv ersetzt werden, z. B. *he seet to wenen dor* - er saß weinend da.

Das Partizip Perfekt hat im Plattdeutschen nicht die Vorsilbe *ge-*, z. B. *ik heff lacht* - gelacht, *ik bün lopen* - gelaufen.

Zum Substantiv / zum Hauptwort

Das Substantiv hat wie im Hochdeutschen drei Geschlechter (männlich, weiblich, sächlich). Wenn das plattdeutsche Wort eine verwandte hochdeutsche Entsprechung hat, so hat es normalerweise auch das gleiche Geschlecht. Aber z. B. *de Liev* (Leib) neben *dat Liev*; *de Sarg* neben *dat Sarg*; *de Schiet* neben *dat Schiet* und *de Minsch* neben *dat Minsch* (herabwürdigend im Sinne von ›Kreatur‹).

Wörter mit gleicher Bedeutung müssen aber nicht das gleiche Geschlecht haben, z. B. das Mädchen (sächlich) - *de Deern* (weiblich), die Flasche (weiblich) - *de Buddel* (männlich und weiblich).

Wenn ein Substantiv im Hochdeutschen auf -e endet, fehlt dies im Plattdeutschen, z. B. der Hase - *de Haas*, die Kante - *de Kant*, die Freude - *de Freid*, die Tablette - *de Tablett*.

Die Fälle

Die unterschiedlichen Fälle sind am Substantiv selbst nicht erkennbar, sondern höchstens am vorangehenden Artikel (siehe dort). Mit zwei Ausnahmen:

1. Bei männlichen Substantiven in der Einzahl, wenn ihre hochdeutschen Entsprechungen auf -e enden, wird zwischen dem 1. Fall und dem 3./4. Fall unterschieden, z. B. *de Lööw hett den Os***sen** *freten; de Oss hett den Löw***en** *smeckt* - der Löwe hat den Ochsen gefressen; der Ochse hat dem Löwen geschmeckt.

2. Bei Personennamen und Verwandtschaftsbezeichnungen kann der 2. Fall wie im Hochdeutschen auch mit **-s** gebildet werden, z. B. *Mudders Jung*, *Jörns Huus*. Bei anderen Substantiven wird der 2. Fall durch eine Wendung mit *vun* oder dem besitzanzeigenden Fürwort gebildet, z. B. *de Macht vun de Sünn*; *de Sünn ehr Macht*.

Der Plural / die Mehrzahl

Es gibt sechs Hauptmöglichkeiten, die Mehrzahl zu bilden. Einige davon gleichen denen im Hochdeutschen. Einzelne Wörter können aber im Hochdeutschen zu einer anderen Gruppe gehören als im Plattdeutschen.

1. Mehrzahl auf **-(e)n**

Aap (Affe) - *Apen*; *Barg* (Berg) - *Bargen*

2. Mehrzahl auf **-er**

Selbstlaute, die zu einem Umlaut fähig sind (a, o und u), werden dabei umgelautet.

Band (Band) - *Bänner*; *Book* (Buch) - *Böker*; *Kleed* (Kleid) - *Kleder*

3. Mehrzahl auf **-s**

Diese Form tritt im Plattdeutschen wie im Englischen wesentlich häufiger auf als im Hochdeutschen.

Ammer (Eimer) - *Ammers*;

Arm (Arm) - *Arms*.

Hierzu gehören auch die meisten Berufs- und Tätigkeitsbezeichnungen, z. B. *Politikers*, *Snieders*.

4. Mehrzahl nur durch Umlaut

Boom (Baum) - *Bööm*; *Goos* (Gans) - *Göös*

5. Mehrzahl ohne Veränderung

Aal (Aal) - *Aal*; *Been* (Bein) - *Been*

6. Mehrzahl auf **-lüüd**
Muurmann (Maurer) - *Muurlüüd*;
Mann (Mann) - *Mannslüüd*

Einige Wörter können auch verschiedene Mehrzahlformen haben oder mehrere gleichzeitig. *Appeln, Appels, Appelns* (Äpfel); *Navers, Naverslüüd* (Nachbarn); *Froons, Froonslüüd* (Frauen); *Ossen, Ossens* (Ochsen); *Kinner, Kinners* (Kinder)

Einiges zur Wortbildung

Zusammengesetzte Wörter können vergleichbar dem Hochdeutschen gebildet werden. Von dieser Möglichkeit wird aber im Plattdeutschen seltener Gebrauch gemacht. So gibt es etwa kein dem hochdeutschen ›Beinbruch‹ entsprechendes Kompositum. Diese Diagnose wird immer verbal aufgelöst, z. B. *dat Been is braken*, *he hett (sick) dat Been braken*. Ungebräuchlich sind auch Dreierkombinationen, z. B. Nachhauseweg - *de Weg na Huus*, Nichtraucherauto - *Auto, in dat nich smöökt ward*.

Die Nachsilben -ung, -heit, -keit sind wenig gebräuchlich. Sie werden meistens umschrieben, z. B. ich bin deiner Meinung - *ik meen dat jüst so*, Dunkelheit - *Düüstern*, das ist von großer Wichtigkeit - *dat is würklich wichtig*.

Die Vorsilbe ›Er-‹ gibt es nur in Wörtern, die aus dem Hochdeutschen übernommen wurden. Sie wird durch *Be-*, *Ver-*, Weglassen oder Umschreibung ersetzt, z. B. Erzählung - *Vertellen*, Erlebnis - *Beleevnis*, Erbarmen - *Barmen*. Dies gilt entsprechend auch für Verben und Adjektive.

Weibliche Bezeichnungen können durch Anhängen eines *-sch* gebildet werden, z. B. *Sniedersch* - Schneiderin, *Kööksch* - Köchin, *Oolsch* - Alte. Ohne männliches Gegenstück: *Mudder Griepsch* - Hebamme.
Eine andere Möglichkeit liegt in der Verbindung mit *Fro*, z. B. *Buur* - Bauer, *Buur(s)fro* - Bäuerin; *Paster* - Pastor, *Fro Paster* - Pastorin, *Paster(s)-fro* - Frau des Pastors; *Weetmann* - Witwer, *Weetfro* - Witwe.

Die Möglichkeit, ein Substantiv durch Anhängen einer Nachsilbe zu verkleinern, besteht heute nicht mehr. Früher gab es zwei Möglichkeiten *-ke(n)* und *-je*, die heute noch in etlichen Wörtern und besonders Namen erhalten sind, z. B. *Anke*, *Antje* (kleine Anne), *Wiebke* (kleine Frau), *Bontje* (kleiner Bonbon), *Döntje* (kleine lustige Erzählung).

Zum Adjektiv / zum Eigenschaftswort

Das Adjektiv wird verwendet wie im Hochdeutschen.

Zu den Zahladjektiven siehe Seite 32.

Auch beim Adjektiv gibt es nur vor männlichen Substantiven in der Einzahl nach bestimmtem Artikel einen Unterschied zwischen dem 1. und dem 3./4. Fall.

*de ole Mann - den ole**n** Mann*
'n olen Mann - 'n olen Mann
de lütte Fro - de lütte Fro
'n lütte Fro - 'n lütte Fro
dat lütte Göör - dat lütte Göör
'n lüttet Göör - 'n lüttet Göör

Für alle drei Geschlechter kann aber auch die Form ohne jede Endung gebraucht werden.

de ool Mann, 'n ool Mann, de lütt Fro - 'n lütt Fro, dat lütt Göör - 'n lütt Göör, z. B. *ool Mann, de wull rieden* - der / ein alt**e / r** Mann wollte reiten, *dumm Tüg* - dumm**es** Zeug.

In der Mehrzahl heißt es nach einem bestimmten Artikel wie im Hochdeutschen in allen Fällen *de*:

de olen Mannslüüd, de lütten Froonslüüd, de groten Kinner.

Ohne Artikel wie im Hochdeutschen:

ole Mannslüüd, lütte Froonslüüd, grote Kinner.

Einige Adjektive verlieren ihr Auslaut-*t*, wenn sie gebeugt werden, z. B. *he is ool**t** - de ole Mann*, *dat is kool**t** - de kole Winter.*
Andere Adjektive verändern ihren stimmlosen Auslaut bei der Beugung, z. B. *de Ball is roo**t** - de ro**d**e Ball*, *de Grog is stie**f** - de stie**v**e Grog*, *de Boom is hoo**ch** - de ho**g**e Boom.*

Wenn ein Adjektiv substantivisch gebraucht wird, beugt man es wie ein Adjektiv, z. B. *dat du mien Leevste**n** büst* - Liebste**r**, *Leevste* - Liebste, *Leevstet* - Liebstes, oder ohne Endung *he*, *se*, *dat is mien Leevst.*

Zur Steigerung

Adjektive werden so gesteigert wie im Hochdeutschen.

gau, gauer, gaust -
schnell, schneller, schnellst
leeg, leger, leegst -
schlecht, schlechter, schlechtest

Wie im Hochdeutschen gibt es auch Unregelmäßigkeiten.

goot, beter, best - gut, besser, best
veel, mehr, meist - viel, mehr, meist

geern, lever, leevst - gern, lieber, liebst
hooch, höger, hööchst - hoch, höher, höchst
oolt, öller, öllst - alt, älter, ältest

Der Superlativ wird heute meist nach hochdeutschem Vorbild mit *an'n* gebildet. Aber auch die Form mit *op't* ist möglich, z. B. *dat kann ik op't best* - am besten.

Im Plattdeutschen scheut man sich nicht, über das im Hochdeutschen erlaubte Maß hinaus zu steigern, z. B. *dat weer dat Richtig**ste**, wenn du nich as Eenzig**ster** hier sitten bleevst.*

Anders als im Hochdeutschen kommt das Plattdeutsche bei Vergleichen nur mit dem Wort *as* aus, z. B. *du büst jüst so klook* ***as*** *ik* - genauso klug **wie**, *du büst klöker* ***as*** *ik* - klüger **als**.

Zum Artikel

Der bestimmte Artikel hat weniger Formen als im Hochdeutschen (aber mehr als im Englischen, wo es nur ›the‹ gibt).

Einzahl:
1. Fall: männlich und weiblich *de*, sächlich *dat*.
   de *Mann;* ***de*** *Fro;* ***dat*** *Kind*

2. Fall: wird durch Umschreibung gebildet.
   den *Mann* ***sien; de*** *Fro* ***ehr; dat*** *Kind* ***sien***
   oder: ***vun den*** *Mann;* ***vun de*** *Fro;* ***vun dat*** *Kind*
3. und 4. Fall: sind in einem Objektfall vereint, männlich *den*, weiblich *de*, sächlich *dat*.
   ik tro ***den*** *Mann,* ***de*** *Fro,* ***dat*** *Kind* -
   ich traue dem Mann, der Frau, dem Kind,
   ik seh ***den*** *Mann,* ***de*** *Fro un* ***dat*** *Kind* -
   ich sehe den Mann, die Frau und das Kind,
   op ***dat*** *Ohr bün ik doof* -
   auf **dem** Ohr bin ich taub.

Im ehemaligen Herzogtum Schleswig wird nicht zwischen *de* und *den* unterschieden. Hier lautet der männlich / weibliche Artikel in allen Fällen *de*, so wie auch in der Adjektivbeugung nicht unterschieden wird, z. B. *ik heff de ole Mann sehn* - ich habe den alten Mann gesehen.
Besonders nach Präpositionen / Verhältniswörtern wird der Artikel *dat* häufig zu *'t* verkürzt, z. B. *op 't Water* - auf das / auf dem Wasser, *in 't Bett* - ins / im Bett, *achter 't Huus* - hinter das / dem Haus.

Mehrzahl:
Der bestimmte Artikel lautet immer *de*.
   de Mannslüüd, de Froonslüüd, de Kinner -
   die Männer, die Frauen, die Kinder,
   de Mannslüüd, de Froonslüüd, de Kinner -
   den Männern, den Frauen, den Kindern

Der unbestimmte Artikel lautet in allen Fällen und allen Geschlechtern *'n*.

ik seh 'n Mann un 'n Fro -
ich sehe einen Mann und eine Frau

Zu den Pronomen / zu den Fürwörtern

Das Personalpronomen / das persönliche Fürwort

Einzahl:

1. Fall:	*ik*	*du*	*he*	*se*	*dat*
3./4. Fall:	*mi*	*di*	*em*	*ehr*	*dat*

Mehrzahl:

1. Fall:	*wi*	*ji*	*se*
3./4. Fall:	*uns*	*jo / ju*	*jem / jüm*

Im Ostfriesischen Platt lautet es statt *em* und *ehr* - *hum* und *höhr*.

Im Ostfälischen Platt lautet es statt *mi* und *di* - *mik* und *dik*.

Im westlichen Niedersachsen (aber nicht in Ostfriesland) und Bremen lautet es statt *uns* - *us*.

Wenn *du* im Satz hinter dem Verb steht, wird es oft weggelassen, z.B. *kümmst mit?* - kommst **du** mit?, *so kannst di wiesen* - so kannst **du** dich zeigen.

Das Personalpronomen *dat* kann auch unpersönlich verwendet werden, z. B. *dat daut* - es taut, *dat deit mi leed* - es tut mir leid.
Als Platzhalter heißt es anstelle des unpersönlichen ›es‹ im Hochdeutschen allerdings *dor*, z. B. *dor weer mol* - es war einmal, *dor ward vertellt* - es wird erzählt.

Da Plattdeutsch meistens nur unter Bekannten gesprochen wird, sind die Anredeformen *du* und *ji* üblich. Wenn eine Höflichkeitsform unumgänglich ist, benutzt man wie im Hochdeutschen die Form *Se*, versucht aber oft, diese Form zu umgehen, z. B. *wat is mit 'n Beer?* - möchten Sie ein Bier?

Das Reflexivpronomen / das rückweisende Fürwort

Wie im Hochdeutschen stimmt das Reflexivpronomen in den 1. und 2. Personen in Einzahl und Mehrzahl mit dem 3./4. Fall überein. In den 3. Personen heißt es *sik*, z. B. *ik wasch* ***mi****, du wascht* ***di****, he wascht* ***sik****, wi wascht* ***uns****, ji wascht* ***jo****, se wascht* ***sik***.

Im Südosten Mecklenburgs, in Vorpommern und im Märkischen lautet es *sich* statt *sik*.

Das Possessivpronomen / das besitzanzeigende Fürwort

ik - ***mien***, *du* - ***dien***, *he* - ***sien***, *se* - ***ehr***, *dat* - ***sien***, *wi* - ***uns***, *ji* - ***jo / ju***, *se* - ***ehr***

Zum Demonstrativpronomen / zum hinweisenden Fürwort

Als einfache Demonstrativpronomen werden die bestimmten Artikel *de* und *dat* verwendet. Soll zwischen ›dieser / diese / dieses‹ und ›jener / jene / jenes‹ unterschieden werden, heißt es *düsse / düt* und *de / dat*, meistens noch ergänzt durch *hier* und *dor*, z. B. *nich düt Book hier, dat Book dor*.

Das Relativpronomen / das bezügliche Fürwort

Wie im Hochdeutschen können die Artikel als Relativpronomen benutzt werden, z. B. *de Mann, de mi in de Mööt kümmt* - der Mann, der mir entgegenkommt.

Daneben kann für alle drei Geschlechter in der Einzahl und Mehrzahl auch *wat* eingesetzt werden, z. B. *de Kinner, wat na School gaht* - Kinder, welche zur Schule gehen.

Das Interrogativpronomen / das Fragewort

wokeen? / keen? - wer? / wem? / wen?

  keen hett dat daan? - wer hat das getan?

wokeen sien? / keen sien? - wessen?

  keen sien Büx is dat? - wessen Hose ist das?

wat? - was?

wat meenst? - was meinst du?

wat för 'n? - welcher? / welche? / welches?

wat för 'n Klöör? - welche Farbe?

weitere Fragewörter:

wannehr? / wenn? - wann?

wannehr weer dat? - wann war das?

wo? / woans? - wie?

wo maakst du dat? - wie machst du das?

wo lang? - wie lange?

wo lang duurt dat? - wie lange dauert es?

wo veel? - wieviel? / wie viele?

wo veel Lüüd kaamt? - wie viele Leute werden kommen?

wo? / woneem? / neem? - wo?

neem stickt he? - wo steckt er?

woso? / worüm? - wieso? / warum?

mit wat? / womit? - womit?

för wat? / woför? - wofür?

vör wat? / wovör? - wovor?

üm wat? / worüm? - worum? etc.

Zum Indefinitpronomen / zum unbestimmten Fürwort

Das Indefinitpronomen für ›man‹ oder ›jemand‹ lautet *een* oder *'n*, z. B. *dat maakt 'n so* - das macht man so; *een ward nich klook* - man wird nicht klug; *dor is nienich een tohuus* - dort ist nie jemand zu Hause.

Für ›keiner‹, ›niemand‹ steht *keen*, *keeneen* oder *nüms*, z. B. *keeneen weer kamen* - keiner war gekommen; *nüms nich tohuus* - keiner zu Hause.

Zu den Präpositionen

Zu einigen Präpositionen siehe Seite 72.

Zu den Konjunktionen

Es werden - in gesprochener Sprache - zumeist einfache Hauptsätze aneinander gereiht und mit Konjunktionen eingeleitete Nebensätze vermieden, z. B. ich bleibe zu Hause, weil es regnet - *ik bliev tohuus. Dat regent jo*; er zahlt nicht, obwohl er es könnte - *he betahlt nich. Dat Geld hett he aver doch*.

Die Autoren

Hartmut Cyriacks (* 1955 in Achim bei Bremen) studierte Germanistik und Geschichte in Braunschweig. Nach dem Lehramts-Referendariat in Hamburg war er von 1985–94 Dramaturg am Ohnsorg-Theater.

Peter Nissen (* 1957 in Bordelum / Nordfriesland) studierte Englisch, Philosophie und Friesische Philologie in Kiel. Von 1987–94 war er Dramaturg am Ohnsorg-Theater. Seit 1990 unterrichtet er Plattdeutsch auch als Dozent an der Volkshochschule Hamburg.

Seit 1994 betreiben Cyriacks & Nissen in Hamburg-Ottensen eine Textmanufaktur für Theater-, Hörfunk-, Fernseharbeiten und Übersetzungen. Daneben gaben sie u. a. *Dat groote plattdüütsche Leesbook* heraus und übersetzten mit zwei weiteren Co-Autoren die beiden Asterix-Bände *De Törn för nix* und *Asterix un de Wikingers*. Seit 1994 sind beide regelmäßig sonnabends mit plattdeutschen Nachrichten auf der NDR Hamburg-Welle 90,3 zu hören.

Ein Standardwerk
der zeitgenössischen
plattdeutschen Literatur

Dat groote plattdüütsche Leesbook

Herausgegeben von
Hartmut Cyriacks
und
Peter Nissen

Plattdeutsche Literatur in ihrer vielfältigsten Form. Eine umfassende Sammlung von Geschichten, Erzählungen und Gedichten der namhaftesten Autorinnen und Autoren spiegeln die Bandbreite der zeitgenössischen plattdeutschen Literatur wider.

Erschienen im
Quickborn-Verlag